A ARANHAZINHA FILÓ

(NA PAREDE DA VOVÓ)

Catalogação na Fonte
Elaborado por: Josefina A. S. Guedes
Bibliotecária CRB 9/870

S384a Schubert, Silvana Elisa
2019   A aranhazinha Filó na parede da vovó / Silvana Elisa Schubert; ilustração Maressa Dutra Lins - 1. ed. - Curitiba: Appris, 2019.
       39 p. : il. color. ; 27 cm (Literatura infantil)

Inclui bibliografias
ISBN 978-85-473-3324-9

1. Literatura infantil. I. Lins, Maressa Dutra. II. Título. II. Série.

CDD – 028.5

Editora e Livraria Appris Ltda.
Av. Manoel Ribas, 2265 – Mercês
Curitiba/PR – CEP: 80810-002
Tel: (41) 3156 - 4731
www.editoraappris.com.br

Appris
editora

Printed in Brazil
Impresso no Brasil

Autora: Silvana Elisa Schubert
Ilustração: Maressa Dutra Lins

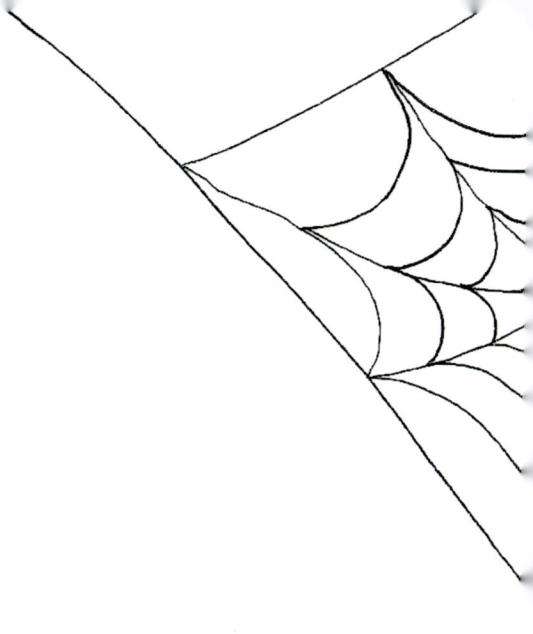

A ARANHAZINHA FILÓ

(NA PAREDE DA VOVÓ)

Appris
editora

Editora Appris Ltda.
1.ª Edição - Copyright© 2019 dos autores
Direitos de Edição Reservados à Editora Appris Ltda.

Nenhuma parte desta obra poderá ser utilizada indevidamente, sem estar de acordo com a Lei nº 9.610/98.
Se incorreções forem encontradas, serão de exclusiva responsabilidade de seus organizadores.
Foi realizado o Depósito Legal na Fundação Biblioteca Nacional, de acordo com as Leis nos 10.994, de 14/12/2004,
e 12.192, de 14/01/2010.

FICHA TÉCNICA

EDITORIAL	Augusto V. de A. Coelho
	Marli Caetano
	Sara C. de Andrade Coelho
COMITÊ EDITORIAL	Andréa Barbosa Gouveia (UFPR)
	Jacques de Lima Ferreira (UP)
	Marilda Aparecida Behrens (PUCPR)
	Ana El Achkar (UNIVERSO/RJ)
	Conrado Moreira Mendes (PUC-MG)
	Eliete Correia dos Santos (UEPB)
	Fabiano Santos (UERJ/IESP)
	Francinete Fernandes de Sousa (UEPB)
	Francisco Carlos Duarte (PUCPR)
	Francisco de Assis (Fiam-Faam, SP, Brasil)
	Juliana Reichert Assunção Tonelli (UEL)
	Maria Aparecida Barbosa (USP)
	Maria Helena Zamora (PUC-Rio)
	Maria Margarida de Andrade (Umack)
	Roque Ismael da Costa Güllich (UFFS)
	Toni Reis (UFPR)
	Valdomiro de Oliveira (UFPR)
	Valério Brusamolin (IFPR)
ASSESSORIA EDITORIAL	José Bernardo dos Santos Jr.
REVISÃO	Andrea Bassoto Gatto
PRODUÇÃO EDITORIAL	Lucas Andrade
DIAGRAMAÇÃO	Daniela Baumguertner
CAPA	Suzana vd Tempel
COMUNICAÇÃO	Carlos Eduardo Pereira
	Débora Nazário
	Karla Pipolo Olegário
LIVRARIAS E EVENTOS	Estevão Misael
GERÊNCIA DE FINANÇAS	Selma Maria Fernandes do Valle

A aranhazinha Filó (na parede da vovó) é uma revisão de um pequeno livro que produzi à mão no ano de 1996, tendo, hoje, uma nova "cara", mais adequado ao momento histórico em que vivemos.

Hoje, ele é dedicado à minha mãe; aos meus filhos, que me auxiliaram com as palavras e ações de Filó; ao meu marido, que cuidou das imagens; aos meus irmãos e sobrinhos, aos tios e primos, aos afilhados, aos filhos dos amigos, que amo; aos meus amigos, mais chegados que irmãos; aos alunos que passaram e que ainda virão e, também, aos colegas professores, que saberão fazer bom uso das metáforas e verdades nele contidas.

Minha gratidão à Maressa Lins, grafiteira e amiga, que me ajudou na ilustração e reorganização da história.

NA PAREDE DE MADEIRA LÁ NA CASA DA VOVÓ
MORA UMA ARANHAZINHA, O SEU NOME É FILÓ.

ELA É MUITO ASSEADA E VAIDOSA COMO ELA SÓ.
OS BESOUROS ESTÃO TODOS DOIDINHOS PELA FILÓ!

FILÓ TECE SUA TEIA, O DIA INTEIRO… TODO DIA.
CAPRICHOSA, SOBE E DESCE… DESCE E SOBE,
COM OUSADIA.

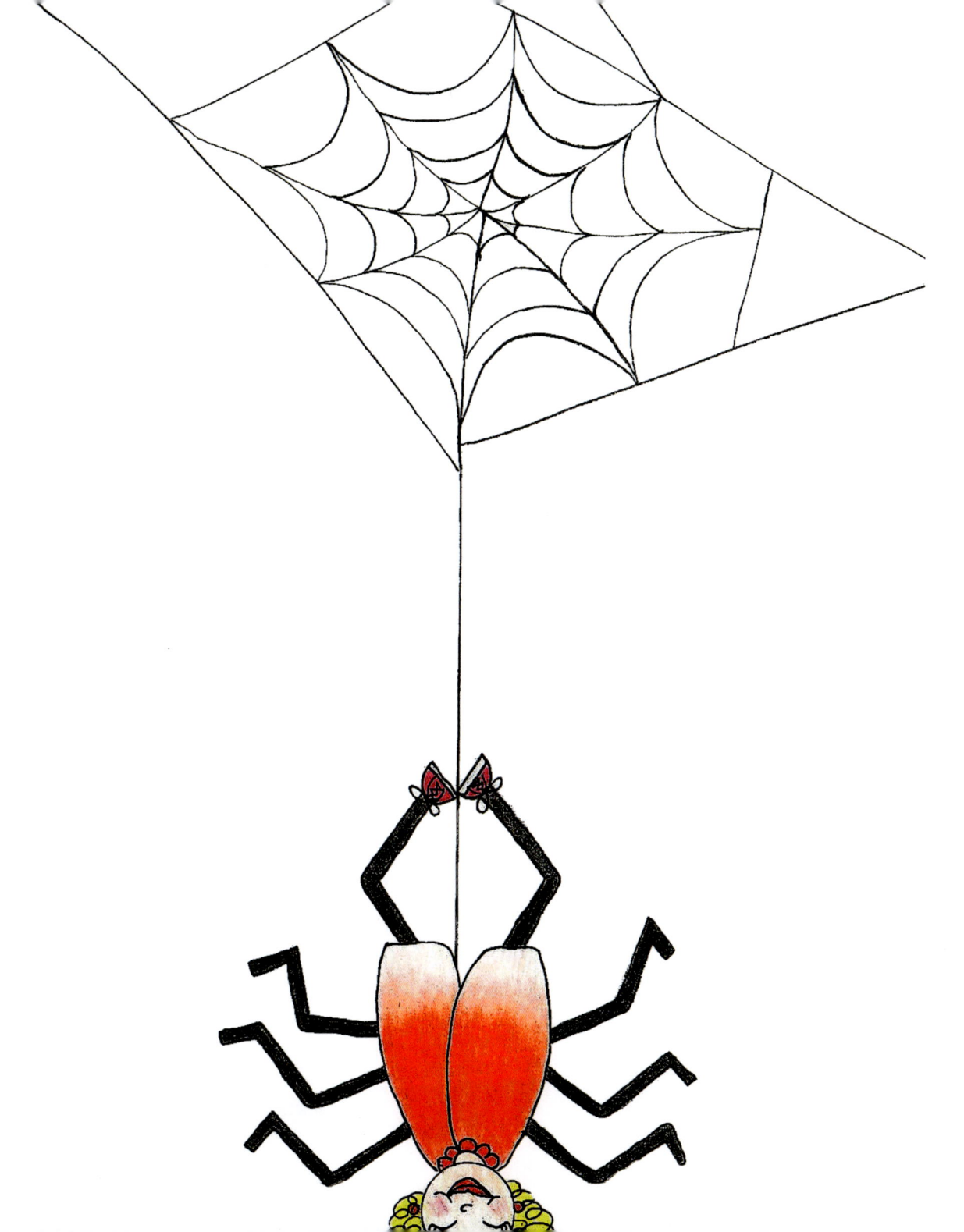

Seu trabalho é sempre um show,
merece sair no jornal!
Todos que passam admiram:
— Que artista sem igual!

FILÓ MORA NA PAREDE, VOVÓ DIZ QUE ELA É UMA FILHA.
A VOVÓ LIMPA A CASA TODA, MAS A FILÓ FICA...
... É PARTE DA FAMÍLIA.

SE ALGUÉM QUER LIMPAR E MEXER COM FILÓ,
VOVÓ VIRA BICHO E GRITA:
"NA PAREDE NINGUÉM MEXE!
VOCÊS SAEM E FILÓ FICA!".
CLARO QUE HÁ IMPLICÂNCIA
DE QUEM DESEJA IMPÔR SEU TIPO DE LIMPEZA,
E QUER MANDAR NO QUE É DOS OUTROS,
SEM NENHUMA SUTILEZA.

POR ISSO, UM DIA FILÓ CANSOU... E FOI EMBORA!
CANSOU DOS JULGAMENTOS E DOS OLHARES DE LIMPEZA.
E VOVÓ FICOU TÃO TRISTE QUE QUASE MORREU DE TRISTEZA.
ENTÃO PARAMOS PARA PENSAR:
SERÁ QUE HÁ VALOR EM PAREDE SEM TEIA, VIDA VAZIA E CASA BRILHANDO...

... MAS SEM AMIZADE?
SE O QUE IMPORTA É TER AMIGOS, CUIDAR UNS DOS OUTROS... AMAR... E SORRIR DE VERDADE?

PROCURAMOS POR FILÓ NO LAR DOS BESOUROS, NO QUINTAL, NOS CANTOS E ATÉ NA REDE, PARA CONVENCÊ-LA A VOLTAR PARA CASA, TECER TEIAS E MORAR NA PAREDE.

Procura-se

NOSSA LINDA AMIGA
FILÓ!!
Vovó está com saudade.

MAS NÃO PRECISOU MUITO EMPENHO.
FILÓ VOLTOU PARA CASA E... SOZINHA
OUVIU QUE VOVÓ ESTAVA DOENTE...
... FEZ TEIAS DE AMOR E ANIMOU A VELHINHA,
QUE PULOU LOGO DA CAMA,
SENTINDO-SE AMADA E COM SAÚDE DE MOCINHA.

FESTEJAMOS COM ALEGRIA O RETORNO DA ARANHAZINHA, QUE AGORA É AMIGA DE TODOS, MORA NA PAREDE E JAMAIS FICA SOZINHA... (MESMO QUE A PAREDE ARRANHE
A ARANHA EM ALGUM INSTANTE... E A TEIA IRRITE SEMPRE OS IRRITANTES!).

TODA VEZ QUE LIMPAMOS A CASA, NAQUELA PAREDE NINGUÉM PÕE A MÃO!
CADA UM QUE CUIDE DA SUA HISTÓRIA E SE IMPORTE COM SUA PRÓPRIA FRUSTRAÇÃO... AFINAL, A ÚNICA CASA IMPORTANTE É CHAMADA DE CORAÇÃO, PORQUE É NELE QUE DAMOS ABRIGO A AMIGOS QUE SE TORNAM IRMÃOS!

Se sua casa está limpinha e bem cuidada, para que se meter na casa do vizinho? É melhor que se preocupe primeiro "com seu próprio 'umbiguinho'".

Na casa da vovó agora é só risos... Lá se distribui felicidade diz que "filha" aranha só ela tem! E ama Filó de verdade. Filó mora na parede, é mais um amor da vovó... É nossa amiga e cuidamos dela... Ninguém deve viver só!

AS TEIAS QUE FILÓ FAZ UNEM ESPÉCIES DIFERENTES, MAS O QUE IMPORTA DE QUE ESPÉCIE SOMOS, QUANDO O AMOR ESTÁ PRESENTE?
VAI DIZER QUE NÃO NOTOU QUE PARA O AMOR É COMUM "A JUNÇÃO DOS DIFERENTES"?

Une preto e amarelo, une branco e furta-cor, une aranhas e vovós, une gente e animais, dá à vida mais calor...
Para amar não existe cor, nem raça, economia ou crença, o coração é uma casa que abriga as diferenças!

Vovó e Filó se entendem numa teia multicor...
Nas teias que a aranha constrói, vovó sempre vê o valor...
Não é a espécie que determina... é a linguagem do amor que tece teias coloridas e dá à vida mais sabor!

NA PAREDE DE MADEIRA LÁ DA CASA DA VOVÓ, MORA UMA ARANHAZINHA, QUE É MINHA AMIGA!

FILÓ!